Succession de Mme MONRIVAL

-→✳←-

VENTE

HOTEL DROUOT — SALLE N° 6

Les Mardi 17, Mercredi 18 & Jeudi 19 Décembre 1901

A DEUX HEURES

·-→✳←-·

TRÈS BEAUX BIJOUX

Dormeuses, Broches, Bagues, Colliers, Bracelets

SUPERBE BROCHE ÉMERAUDE

Belle Rivière, Très belles Perles

BIJOUX DE FANTAISIE

———— ···· ————

Me Paul LEMOINE	M. G. BOIN-TABURET
COMMISSAIRE-PRISEUR	EXPERT, JOAILLIER-BIJOUTIER
91, RUE LAFAYETTE, 91	3, RUE PASQUIER, 3

EXPOSITIONS

PUBLIQUE	PARTICULIÈRE
Le Dimanche 15 Décembre 1901	Le Lundi 16 Décembre 1901

DE 1 HEURE 1/2 A 5 HEURES 1/2

PARIS — 1901

IMPRIMERIE MAULDE et RENOU

MAULDE, DOUMENC & Cie

IMPRIMEURS DE LA COMPAGNIE DES COMMISSAIRES-PRISEURS

Rue de Rivoli, 144. — Paris

CATALOGUE

DE LA

VENTE DES BIJOUX

DÉPENDANT DE LA

Succession de Mme MONRIVAL

—❦—

CATALOGUE

DE

TRÈS BEAUX BIJOUX

**Dormeuses, Broches, Bagues, Colliers
Bracelets**

SUPERBE BROCHE ÉMERAUDE

Belle Rivière — Très Belles Perles

BIJOUX DE FANTAISIE

Dépendant de la Succession de Mme MONRIVAL

DONT LA VENTE AURA LIEU

HOTEL DROUOT, SALLE N° 6

Les Mardi 17, Mercredi 18 et Jeudi 19 Décembre 1901

A DEUX HEURES

Mᵉ Paul LEMOINE	M. G. BOIN-TABURET
COMMISSAIRE-PRISEUR	EXPERT, JOAILLIER-ORFÈVRE
91, rue Lafayette, 91	3, rue Pasquier, 3

EXPOSITIONS

PUBLIQUE	PARTICULIÈRE
Le Dimanche 15 Décembre 1901	Le Lundi 16 Décembre 1901

De 1 heure 1/2 à 5 heures 1/2

PARIS — 1901

CONDITIONS DE LA VENTE

La Vente sera faite expressément au comptant.

Les acquéreurs payeront **dix pour cent** en sus des adjudications.

L'Exposition mettant le public à même de se rendre compte de l'état, de la nature et de la valeur des Bijoux, il ne sera admis aucune réclamation une fois l'adjudication prononcée.

ORDRE DES VACATIONS

Mardi 17 Décembre 1901

Seront vendus les Bijoux catalogués du n° 1 au n° 28 inclus.

Mercredi 18 Décembre 1901

Seront vendus les Bijoux catalogués du n° 29 au n° 54 inclus.

Jeudi 19 Décembre 1901

Seront vendus les Bijoux catalogués du n° 55 à la fin.

Nota. — L'ordre numérique ne sera pas suivi.

Maulde, Doumenc et Cie, imprimeurs de la Cie des Commissaires-Priseurs
rue de Rivoli, 144   3000—99952

DÉSIGNATION

BIJOUX

Diamants, Perles et Pierres de Couleurs

1 — Très belle **Broche** de forme carrée, composée au centre d'une très grosse émeraude entourée de seize beaux brillants.

Poids de l'émeraude, 40 carats 1/2.

2 — Belle **Rivière**, composée de quarante-quatre brillants, montés dans des chatons, joaillerie argent.

3 — Très grande **Broche de corsage** en joaillerie, formée d'un bouquet de fleurs et de feuillages, avec trois grandes pampilles, reliées entre elles par des guirlandes de chatons tout en brillants.

4 — Grande **Broche de corsage** en joaillerie, formée d'un bouquet de fleurs et de feuillages, ornée de cinq pampilles de fleurs, feuillages et chatons, tout en brillants.

5 — Beau **Bracelet** en joaillerie, composé de maillons souples, pouvant former bandeau ou collier de chien, enrichi de cent vingt-sept brillants anciens.

6 — Paire de **Boutons d'oreilles**, formés de gros brillants solitaires.

7 — Paire de **Boutons d'oreilles**, formés de gros brillants solitaires.

8 — **Broche** ronde, ayant la forme d'une rosace tout en brillants; le centre composé d'une marguerite enrichie d'un gros brillant et de huit brillants plus petits, formant les pétales.

9 — Paire de **Boucles d'oreilles** en très beaux brillants anciens. Les hauts formés de boutons solitaires, accompagnés de pendants forme poire, composés d'un brillant entouré de onze brillants plus petits.

10 — Une **Fleur** en brillants, montée en épingle à cheveux, composée d'un gros brillant, formant le centre, accompagnée de six pétales en brillants plus petits.

11 — Deux **Fleurs** en brillants, semblables à la précédente, mais plus petites.

12 — Deux **Fleurs** en brillants, semblables aux précédentes, mais plus petites.

13 — Deux **Fleurs** en brillants, semblables aux précédentes, mais plus petites.

14 — **Croix** en or et émail noir, enrichie de douze brillants, dont un formant bélière.

15 — **Bracelet-manchette** en or mat, enrichi d'une applique composée d'ornements et de fleurs, tout en diamants.

16 — **Bracelet-manchette** en or émaillé gris, bordé de bandes en émail noir, enrichi d'un gros anneau en brillants et d'une chaînette avec attache en brillants.

17 — **Bracelet** jonc méplat en or mat, orné du mot *Souvenir*, tout en brillants.

18 — **Bracelet** en or, composé de croisillons émaillé bleu foncé et de motifs en forme de trèfles, tout en brillants.

19 — **Bracelet** en or, formé d'un fil couteau, orné d'un rubis entouré de dix petits brillants.

20 — **Bracelet** en or, semblable au précédent, orné d'une perle, entouré de dix petits brillants.

21 — **Bracelet** en or, semblable au précédent, orné d'un saphir, entouré de dix petits brillants.

22 — **Pendant de cou**, composé d'un gros cabochon en onyx, entouré d'une guirlande de feuillages en roses, accompagné d'un pendantif formé d'une boule en onyx, garni de roses et de perles.

23 — Petite **Broche**, ayant la forme d'un bourdon, le corps formé d'un œil de chat, enrichi de roses et de bandes d'émail, les ailes et la tête ornées de petites roses.

24 — Petite **Broche** en forme de fleur de lys, enrichie de brillants, montés sur argent, reposant sur un fond d'or mat.

25 — Petite **Broche** ronde, forme couronne, composée de huit fleurettes en saphirs et roses.

26 — Petite **Broche papillon**, dont les ailes sont enrichies de roses, de rubis, d'émeraudes et de perles, monture en or.

27 — **Médaillon** de forme ovale en or mat, orné d'une croix en petits brillants sertis d'un filet émail noir.

28 — Paire de **Boutons d'oreilles** solitaires, comprenant chacun un petit brillant serti dans un chaton en argent.

29 — **Collier** en or composé d'une chaîne souple ornée de huit motifs formant appliques, enrichies de grosses perles, entourées de brillants, accompagnées de guirlandes et penditifs en brillants terminés par des perles poires.

3o — Deux **Brochettes** en brillants et perles fines assorties au collier ci-dessus, elles sont reliées entre elles par une chaînette ornée de perles.

31 — Paire de **Boutons d'oreilles** formés de deux belles perles fines.

Poids des perles : 54 grains.

32 — Paire de **Boutons d'oreilles** formés de deux belles perles fines.

Poids des perles : 44 grains.

33 — **Broche** en or mat, de forme ronde, enrichie de brillants et de cinq très belles perles ; les trois pendeloques accompagnant la broche, composées de brillants et de trois poires perles.

34 — **Pendant de col** de forme ovale en or mat enrichi d'un motif central en perles fines et brillants, accompagné d'un entourage et de trois pendeloques en perles fines.

35 — **Bracelet manchette** en or émaillé bleu turquoise enrichi d'une bande formant entre-deux, composé de dix-huit chatons alternés de neuf belles perles et neuf brillants.

36 — **Bracelet** en or demi-jonc à ressort, enrichi de six belles perles posées sur des bandes de brillants bordées d'émail noir.

37 — **Bracelet** en or, composé de rubans émaillés bleu et d'entrelacs en or gravé, enrichis de six perles fines et de cinq brillants.

38 — Deux **Épingles** en or ornées de deux jolies perles forme poire, reliées entre elles par une chaînette garnie de perles fines.

39 — **Chaîne de montre** double, en or, enrichie de seize belles perles fines, accompagnée d'une barrette en or ornée de deux plus grosses perles et de trois breloques dont un cachet garni d'une perle fine.

40 — **Broche-Barrette**, monture or et platine, ornée de six brillants et de trois belles perles fines.

41 — Petite **Broche** formée d'un nœud en petits brillants et d'une jolie poire perle fine formant pendentif.

42 — Petite **Broche**, branches de feuillages attachées par un nœud, le tout en petits brillants enrichis de trois perles fines.

43 — Paire de **Boutons de Manchettes** doubles en or, enrichis de quatre perles forme bouton, entourées de cercles en petits brillants.

44 — **Collier** formé d'une chaîne à maillons émaillés noir, reliés entre eux par des perles fines, au centre, formant pendant, une croix en or et demi-perles bordées d'émail noir.

45 — **Épingle de cravate** en or, formée d'une griffe d'aigle tenant une perle fine.

46 — **Bague** en or, ornée d'une perle fine forme bouton entouré de petits brillants.

47 — **Bague** en or, sertie d'un brillant et de deux petits rubis.

48 — **Bague** en or, formée d'une émeraude et de deux brillants.

49 — **Bague** en or, forme jonc émaillée noir, ornée d'un petit brillant.

5o — **Bague** en or, jonc émaillé bleu, ornée de cinq petits brillants.

51 — Petite **Bague** en or, ornée d'une émeraude entourée de brillants, le corps garni de roses serties sur des ornements à jour.

Travail ancien de l'époque Louis XVI.

52 — Petite **Bague** en or, composée d'une intaille ancienne, enrichie, sur le corps, de douze petits brillants.

Travail ancien de l'époque Louis XVI.

53 — Petite **Bague** en or, formée d'un chaton sertissant une dent de cerf, accompagnée, sur le corps, de huit petits brillants.

Travail ancien de l'époque Louis XV.

54 — **Bague** en or, présentant comme motif principal une charmante petite tête d'indien, en sardoine sculptée, enrichie d'un bonnet en brillants formant couronne.

Travail ancien de l'époque Louis XV.

55 — Beau **Pendant de col**, composé d'un médaillon de forme ovale, orné, au centre, d'un gros saphir entouré de trois rangs de beaux brillants, surmonté d'un nœud avec bélière formant broche à volonté.

56 — Belle paire de **Boutons d'oreilles**, composés de deux gros saphirs entourés chacun de douze brillants ; ces boucles d'oreilles sont assorties au pendant de col ci-dessus et forment avec celui-ci une très belle demi-parure.

57 — Beau **Bracelet** en or, forme demi-jonc, à ressort, orné de bandes en brillants entrecoupées de cinq chatons sertis de saphirs et de quatre belles perles fines.

58 — Belle **Bague** ornée d'un gros saphir entouré de dix-huit brillants.

59 — **Bague** ornée d'un saphir entouré de dix-huit brillants.

60 — **Bague** en or, enrichie d'une jolie émeraude entourée de douze brillants.

61 — **Bague** en or, sertie d'un seul brillant monté à griffes.

62 — **Bague** en or, sertie d'un brillant solitaire.

63 — **Bracelet** en or gravé, orné d'un camée sur pierre dure à deux couches, entouré de trente-huit petits brillants.

64 — Joli **Bracelet**, composé de treize intailles an-
ciennes gravées sur pierres fines, aigues-marines,
topazes, améthystes, grenats, etc., montées dans des
cercles en or gravé, formant entourage.

65 — Grande **Intaille** ancienne, gravée sur aigue-
marine, représentant une tête antique, monture en
or, avec chaînette et petite épingle de sûreté.

66 — Petite **Broche,** de forme ovale, en or, rubis et
roses, ornée d'un camée ancien à deux couches.

67 — Grand **Collier** en or, formé d'une chaîne souple
ornée de dix camées sur pierres dures à deux couches,
entourés de cercles en demi-perles, reliés entre
eux par des chaînettes avec pampilles en perles
fines.

68 — Paire de **Boucles d'oreilles,** composées de quatre
camées montés en or et perles fines assorties au
collier ci-dessus.

69 — Grande **Broche** formée d'un camée à deux couches, monté en or, avec entourage de demi-perles
fines.

70 — **Broche** de forme ovale, ornée d'un camée sur
pierre dure, monté en or, avec entourage de demi-
perles fines.

71 — **Broche** de forme ovale, ornée d'un camée sur
pierre dure, monté en or, avec entourage de demi-
perles fines.

72 — **Broche** semblable à la précédente.

73 — Deux petites **Broches** ornées de camées sur pierre dure, représentant des têtes de négrillons, montés en or, enrichies de rubis et de petites roses.

74 — Petite **Broche** semblable aux deux précédentes.

75 — **Bracelet** souple, en or, formé de maillons, le centre orné d'un camée sur pierre dure, entouré d'un cercle en demi-perles fines.

76 — **Broche** de forme ovale, en or, composée d'un émail peint représentant un sujet dans le genre de Watteau, entouré d'un cercle en demi-perles fines bordé d'émail.

77 — **Bracelet** jonc, en or uni.

Poids : 25 grammes.

78 — **Bracelet** en or, composé de gros maillons, fermé par un médaillon forme cadenas.

Poids : 24 grammes.

79 — **Bracelet** en or gravé, orné au centre d'un médaillon de forme ovale, figurant sur un fond d'émail bleu, un bouquet en petites roses.

80 — **Bracelet** en or souple, formé de maillons et de demi-boules en or gravé, ornés de petits rubis et de demi-perles.

81 — **Bracelet** chaînons or et argent oxydé, ornés de grenats taillés, le bracelet fermé par un médaillon semblable.

82 — Jolie **Châtelaine** en or et perles, ornée de cinq médaillons en émaux peints, sujets Watteau, la châtelaine garnie de chaînettes supportant les breloques assorties : clef et cachet.

Style Louis XVI.

83 — Paire de **Boucles d'oreilles** longues, en or filigrané, genre Campana.

84 — Paire de **Boutons de manchettes** en or gravé et guilloché, ornés de perles fines.

85 — **Broche-Barrette** en or mat, composée d'un bâton garni de deux grosses boules et d'une boule formant pendentif retenu par deux chaînettes.

86 — Grand **Collier** de corail, composé de cinquante-huit perles rondes unies.

87 — **Bracelet** tout en corail, orné d'un camée de même matière, monté en or.

88 — Grande **Broche** formée d'un camée en corail monté en or.

89 — **Broche** formée d'un camée en corail monté en or.

90 — Trois petites **Broches,** de forme ovale, formées de camées en corail montés en or.

91 — Grande **Broche** en corail rose, représentant un
bouquet de fleurs et de feuillages sculptés.

92 — **Peigne** composé de neuf grosses perles de corail
et de vingt petites.

93 — Deux paires de **Boucles d'oreilles** formées de
boutons et de poires en corail, monture or.

94 — Trois **Boutons de chemises** doubles, formés de
six boules en corail.

95 — **Demi-Parure** composée d'un bracelet, d'une
broche et de deux boutons de manchettes en mosaïque de Rome montées en or.

96 — Grande **Broche,** mosaïque de Rome, forme
ovale, monture or.

97 — Trois **Boutons de chemises** doubles, ornés de
petits camées montés en or.

98 — Paire de **Boutons de manchettes** doubles, en
onyx, montés en or.

99 — Menus **Bijoux** non catalogués.

TRÈS BEAUX BIJOUX

ENRICHIS DE

Brillants, Perles et Pierres de Couleur

Carte d'Entrée à l'Exposition Particulière

HOTEL DROUOT, SALLE N° 6

Le Lundi 16 Décembre 1901, de 1 h. 1/2 à 5 h. 1/2

COMMISSAIRE-PRISEUR :

Me Paul LEMOINE

91, rue Lafayette, 91

EXPERT :

M. G. BOIN-TABURET

JOAILLIER-ORFÉVRE

3, rue Pasquier, 3

Georges Boin,

Membre de la Chambre de Commerce,
Ancien Président de la Chambre Syndicale
de la Bijouterie, Joaillerie et Orfèvrerie,
Membre du Jury d'État du Département de la Seine.